ミート率を上げて
まっすぐ飛ばす!

ドライバーショット

吉本 巧 著

辰巳出版

Prologue

「ドライバーの飛距離をアップさせる」と聞いて何をイメージされるでしょうか?

多くの方が「ヘッドスピードを上げる」と思われたと思います。確かにヘッドスピードは飛距離をアップさせるために必要になりますが、ヘッドスピードを上げるだけでは十分な飛距離を生み出せません。では、ヘッドスピード以外に飛距離アップするために何が必要かというと「ミート率」を高めること、つまり、どれだけ「芯」でボールを打てるかがポイントになってきます。

いくらヘッドスピードがアップしても、ミート率が下がってしまうとかえって飛距離は落ちてしまいます。ヘッドスピードを上げるだけでは飛距離アップに限界があります。アマチュアゴルファーの皆さんの中には、ご自身のヘッドスピード相当の飛距離が出ていない方が多くいらっしゃいます。ご自身のパワーが正しくボールに伝わっておらず、効率が非常に悪い状態です。これほどもったいないことはありません。この問題を解決するのがミート率です。ミート率が高まると、現在お持ちのヘッドスピードがさらに生かされるようになります。

本書ではドライバーのミート率を高めて飛距離をアップさせる方法をご紹介しています。芯が食えず距離が出ない方、思い切り振ってるのに飛ばないという方は、ぜひご活用ください。「自分は力がないから飛ばない」と思われている方にも、ぜひご覧いただきたいと思います。飛距離は力ではありません。どれだけミート率を高められるかなのです。

また、ミート率を高める方法をスイングのポジションに分けて紹介しています。アドレスから始まり、バックスイング、トップポジション、ダウンスイング、インパクト、フォロースルー、フィニッシュという流れです。各ポジションでそれぞれ動作ポイントがあるので、ご自分のスイングと比べながらご覧ください。

ゴルフライフが充実することがゴルファーにとって最高の喜びです。皆さまのゴルフライフがより充実したものになりますよう、心からお祈りしております。

吉本 巧

CONTENTS

PART 3
トップポジション

PART 4
ダウンスイング

PART 5 インパクト

PART 6 フォロースルー&フィニッシュ

QR動画の観方

本書の内容は、吉本巧プロのYouTube動画と連動されています。該当するページにあるQRコードをスマホやタブレットのカメラやバーコードリーダー機能で読み取り、動画を再生してください。

1 カメラを起動

スマホやタブレットのカメラやバーコードリーダーを起動

2 QRコードを読み取るモード

「読み取りカメラ」など、QRコードを読み取れるモードにする。機種によっては、自動で読み取ることもできる

3 画面にQRコードを表示

画面にQRコードを表示させ、画面内におさめる。機種によっては時間のかかるものもある

4 表示されるURLをタップ

表示されたURLをタップすると、吉本巧YouTubeゴルフ大学にアップされているそれぞれの項目に移動する

⚠ 動画を観るときの注意点

❶動画を観るときは別途通信料がかかります。できるだけ、Wi-Fi環境下で視聴することをおすすめします
❷機種ごとの操作方法や設定に関してのご質問には対応しかねます。各メーカーなどにお問い合わせください

Introduction

ミート率を高めるための3つのポイント！

本書のテーマであるミート率を上げるためには、アドレスからフィニッシュまでの各パートで紹介している動作ポイントを、実践していくことをおすすめしますが、その中でもこれだけは押さえておきたいと思うポイントを3つご紹介。これだけでミート率は高まります！

ポイント1
スイング中に
上半身の前傾角度を
キープする!
ポイント2
長い
インパクトゾーン
を作る!
ポイント3
インパクトで
しっかり腰を入れて
打つ!
J.LINDEBERG

ポイント1

スイング中に上半身の前傾角度をキープする！

前傾角度をキープすれば体の回転がスムーズになる！

1つ目のポイントは、スイング中に前傾角度をキープしておくことです。アドレスで作った前傾角度を、バックスイングからフォロースルーの時計の4時の位置まで維持します。この前傾角度をキープできれば、スイング時の回転運動が生まれやすくなります。しっかり回転してボールを打つことが、ミート率を高める重要なポイントになるのです。例えば、バックスイングで上体が伸び上がったり、ダウンスイングで縮こまったりすると、上半身の起きる沈む運動になり、インパクトが安定しなくなるので注意しましょう。

ポイント2

長いインパクトゾーンを作る！

ココに注目！

ヘッドを適度にインサイドから下ろしていくことで、インパクトゾーンを長くでき、厚いインパクトでボールをつかまえることができる

インパクトは点ではなくゾーンで考える!

クラブヘッドを長い時間、飛球線上に乗せること。インパクトのゾーンを長くすることで、ミート率を上げることが一気に易しくなります。

多くのアマチュアゴルファーは、インパクトを点で合わせようとしています。ボールをフェースの面に当ててさえすればOKと思っているからです。理想的なインパクトは、点ではなく線（ゾーン）でとらえることです。そのためには、インパクトでどうこうしようと思わず、ダウンスイングから意識を持ってインパクトを迎える。これが2つ目のポイントになります。

ポイント3

インパクトでしっかり腰を入れて打つ！

腰の意識を持てばスイングの再現性が高まる！

ミート率を高めるための3つ目のポイントは、インパクトでしっかり腰を入れて打つことです。腰を入れるとなぜミート率が上がるのか疑問を持つ方もいらっしゃるとは思います。腰が入らない打ち方というのは、手打ちです。手打ちのスイングは、球筋の安定感を欠くと同時に飛距離も出ません。飛距離を出そうとすると力任せのスイングとなり、ブレの原因となります。その分、腰の入ったスイングは、再現性が高まるためミート率が上がります。

また、体重の乗った重いボールになるため、飛距離もアップするのです。腰を入れることで効率の良いスイングとなります。

ココに注目!

インパクトだけ意識して腰を入れるのではなく、アドレスで骨盤を正しい方向に向けて、それをキープしたままバックスイング、ダウンスイングをしていく。これらの作業を経て、結果的に腰の入ったインパクトが作れる

COLUMN

ゴルフ上達の処方箋 #01

スイング改造をするときは短期間で集中して行おう

今までのスイングを捨てて、新たなスイングに改造する。本書を読んでいただいている皆さんのほとんどが一度は経験したことがあると思います。スイング改造をするうえで、注意していただきたいことがあります。

まず、スイングを直してから次の練習をする期間を2週間以上空けないことです。もしそれ以上何もしないと、ふりだしに戻ります。人間の体は10日前後で感覚を忘れてしまうので、感覚を忘れないうちに取り組むことが重要です。

2つ目はイメージの食い違いです。自分では動作をだいぶ変えているつもりでも、じつはあまり変わっていない。客観的にみるとぜんぜん変化がない。スイング改造は、想像よりも3倍くらい大きく変えなくてはならないのです。やるからには勇気を持って一気に変えてください。

スイング改造には痛みを伴いますが、痛みなくして成長はありません。成果が出るまでに時間がかかるかもしれませんが、我慢して取り組んでみてください。

PART 1

アドレス

アドレスのコツ

前傾角度と軸の作り方がアドレスの重要ポイント！

アドレスを完成させるまでの流れ

良いショットはアドレスから生まれます。ミスを連発しているようならアドレスを見直してみましょう。アドレス時の姿勢やグリップの握り方、クラブの構え方など、1つひとつを確認してください。

アドレス

1 ヘソを地面に向けて両腕をダラ～ンとさせる

ヘソの向きを意識しよう
Good
Bad
腰を無理に反らす必要はないですよ！

クラブを持って構えたとき、ヘソが地面を向くように意識するのがポイント

お尻が落ちてヘソが正面を向いてしまうような構えはスイングが安定しなくなる原因だ

上半身を右に傾けて構えるのが正解！

アドレスでは前傾姿勢を取ることが大切です。ヘソを地面に向ける意識で前傾を取りましょう。また、全身に力みが生じないよう両腕をダラ～ンとリラックスさせます。右肩を前に出して構えてしまうと、バックスイングで両肩が回転しづらくなりますので、右肩を少し背後に引くようにしてアドレスを取るよう心がけましょう。

右肩が前に出ないようリラックスする

Good

アドレス時は、右肩の力を抜いて両腕をダラ～ンとさせる意識を持つのがポイント

Bad

両腕が力んでしまうと右肩が前に出てしまいやすい。バックスイングでスムーズに両肩が回転しなくなる原因

ココに注目!

右肩に力を入れずに、右肩を少し背後に引くようなイメージを持とう

CHECK!

右ヒジを少し曲げゆとりをもたせる

右ヒジを少し曲げて構えることを意識しよう。バックスイングで右ヒジは折りたたまれるが、その動きを邪魔することのないようにゆとりをもたせることが大事だ

2

上半身の軸を右足側に傾けてアドレスをとる

アドレスでは上半身の軸を傾ける

Good

Bad

上半身を左に傾けて構えるのはNG

ボールの位置は正面より左足側。腰の位置を両足のセンターに置いたら上半身を右足側に傾ける

上半身を右に傾けて構えるのが正解！

アドレス時の上半身は適度に右足側に傾けるようにします。上半身を通す軸を傾けるのですが、腰や下半身を右側に移動させるのはNGです。腰の位置は両足のセンターにして、上半身だけを壁から「ひょっこり」出すようなイメージが良いでしょう。この姿勢を取ってからボールに対して構えましょう。

壁から「ひょっこり」させるイメージ！

ボールを見るときは右側面から見るようにする！

イメージは、目の前の壁から右足側に「ひょっこり」顔を出すようにする

CHECK!

グリップを握ってから傾けるとフェース面が開きやすくなる

アドレスを取るときは、先に体勢を整える。グリップを握るのは最後にしよう。先にグリップを握ってから構えを作るとフェース面が開きやすくなる

アドレス

3 ドライバーで構えるときはヘッドファーストにする

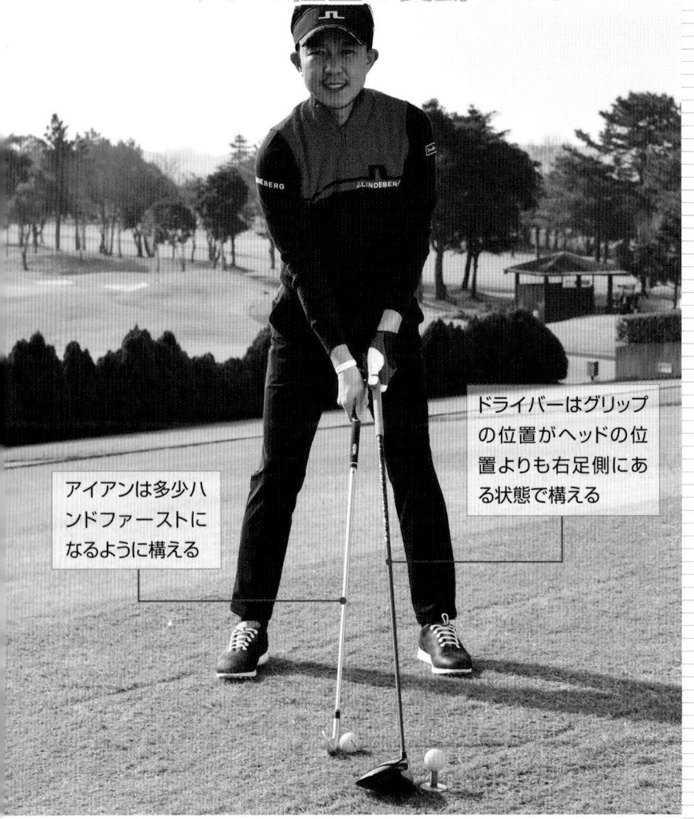

クラブ（番手）によってグリップとヘッドの位置は変動させる

ドライバーはグリップの位置がヘッドの位置よりも右足側にある状態で構える

アイアンは多少ハンドファーストになるように構える

すべての構えは同じではない

体勢を整えたあとはクラブを構えます。ドライバーではヘッドの位置を目標方向に設定します。上半身で作った軸の延長線上にクラブがあるイメージが理想的だからです。ハンドファーストにしてしまうとスイングの始動でヘッドがブレる原因となるので注意しましょう。また、ヘッドの位置は番手によって変えていくのが基本となります。

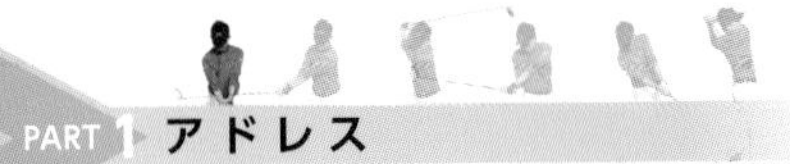

✕ Bad
ハンドファーストで構えるのはNG

〇 Good
ドライバーはヘッドファーストが正解!

ココに注目!

ドライバーはアッパーブローで打つ。インパクトを考えるとヘッドファーストで構える方が理に適っている

CHECK!

番手	構え
1W(ドライバー)	ヘッドファースト
FW(フェアウェイウッド)	適度なヘッドファースト
UT(ユーティリティ:22.23度)	ほぼ直角になるように構える
UT(ユーティリティ:25度)	アイアンより
アイアン	ハンドファースト

番手ごとの構え

ドライバーがヘッドファーストで、FW、UT、アイアンとなるに連れて徐々にハンドファースト寄りになる

アドレス

4 目の錯覚がアドレスを狂わせていることを知る

クラウンのセンターで構えるとヒールになる

アドレスでは芯で構えているようで、じつはヒール側でボールを合わせているという勘違いがあります。ヘッドの上部にはマークやロゴが付いており、そのマークに合わせ構える人が多いでしょう。しかし、実際にはヘッドのトウが浮くため位置がズレています。このズレを知らずに構えてしまうと、芯で捉えることが難しくなるのです。

クラウンのセンターではなく ちょい先で構えるとちょうど！

ヘッドのトウ側が浮くため斜めに構えることになる。そのため、ボール半個分位置がズレることを知っておきたい。クラウンのセンターではなく、少しトウ側で構えるとちょうどいい

ちょい先で構えると
バッチリ芯に

Good

センターで構えると
ヒールになってしまう

Bad

5 ミート率を上げるためには「ちょいフック」で握る

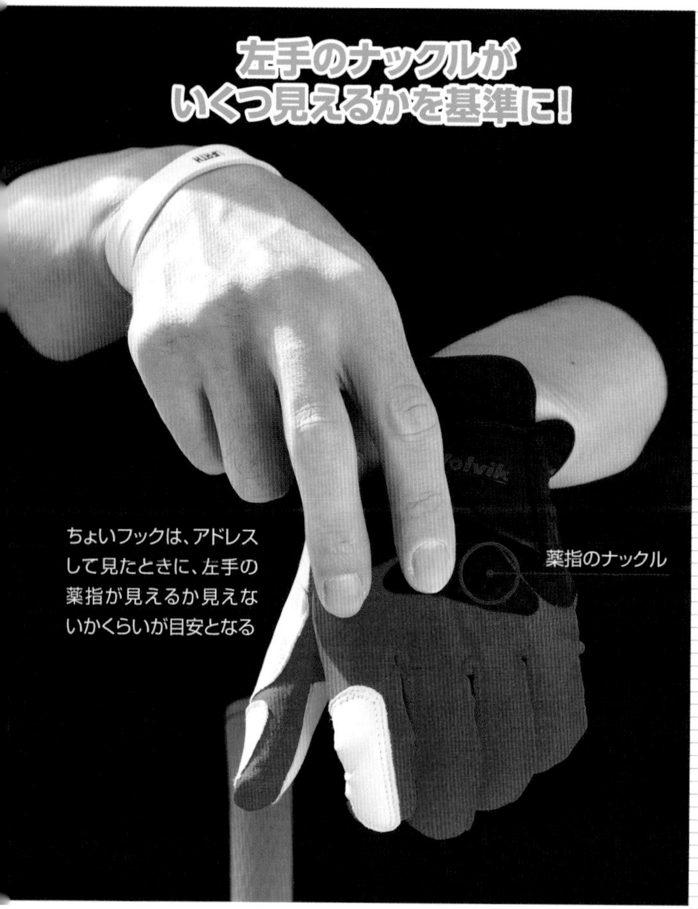

左手のナックルがいくつ見えるかを基準に！

薬指のナックル

ちょいフックは、アドレスして見たときに、左手の薬指が見えるか見えないかくらいが目安となる

ボールのつかまりがよくなる握り方

グリップは握り始めが大事です。手のひらからグリップしようとはせず小指の付け根あたりから握り始めることをおすすめします。グリップの形は「ちょいフック」が良いでしょう。もちろん個人差はあるとは思いますが、ちょいフックにすることでボールの捕まりが良くなる傾向にあります。ミート率と飛距離アップが期待できます。

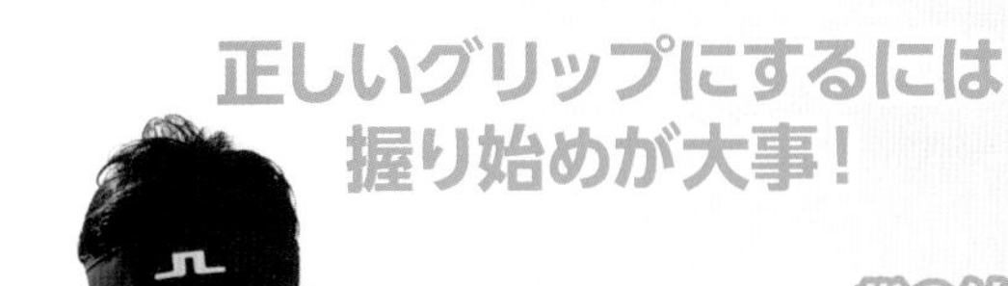

正しいグリップにするには握り始めが大事！

指の付け根から握り始めよう

ココに注目！

小指側から握り始めることで、自然とちょいフックグリップになりやすくなる

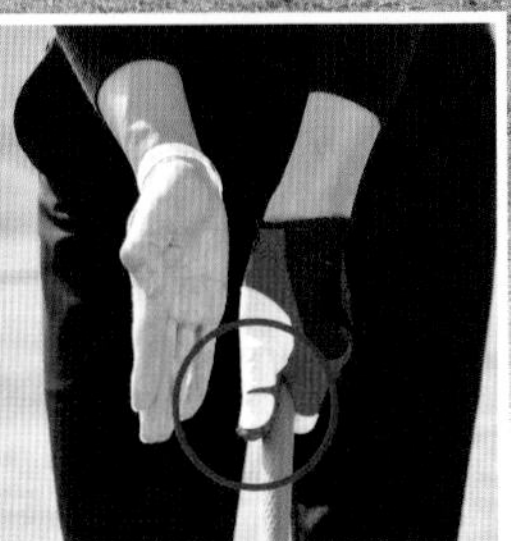

左手の親指は真上ではなく少し右にくるように！

COLUMN

ゴルフ上達の処方箋 #02

ねこ背に悩んでいる方も正しいアドレスになる

ゴルフに限らず、ねこ背で悩んでいる方はとても多いと思います。ゴルフにおいて、ねこ背がどのような影響を及ぼすかと言うとアドレス時の姿勢作りにおいてです。

正しいアドレスは、前傾姿勢を維持しながら肩の力を抜いてリラックスします。ねこ背になると、肩が前に出てしまうため、力みが生じてリラックスすることができなくなります。体に無駄な力が入ったままスイングをしていくと、ぎこちない動作となります。では、ねこ背にならないよう上半身を起こしたとします。それでは、前傾角度が変わってしまい安定したスイング動作にはつながりません。

それを解決するのが肩甲骨の使い方です。

左右の肩甲骨を少し真ん中に寄せて近づけるようにします。意識するだけで OK です。こうすれば、適度に胸を張りつつも、背筋を伸ばした理想的なアドレスを取ることができます。ぜひ実践してみてください。

PART 2

バック スイング

バックスイングのコツ

始動時のクラブ操作と体重移動の仕方がバックスイングでは重要

頭は右足側に移動させる
左肩は下げながら動かしていく
右の股関節に体重を乗せていく
始動時は手首のコックを使わない

バックスイングを完成させるまでの流れ

バックスイングの上げ方に悩んでいる方は、上記のポイントを1つずつ確認しましょう。手首の使い方やクラブの上げ方、体重の乗せ方、体の回転の方法などが分かれば、スムーズなバックスイングになります。

フェース面を閉じながら上げる

バックスイング

1

バックスイングの始動時はコックを使わない

時計の8時くらいまでは手首を使わない

コックをむりやり使わない意識を持つことが重要！

腕と体を一緒に回転させる

バックスイングしていくときは、手首を使わないように意識してください。コックを使って始動すると、クラブは上げやすいですが、バックスイング後半からトップで体をしっかり回転させにくくなってしまいます。

目安は8時のポジション。8時まで胸の正面にグリップがあるイメージで腕と体を一体化させて動かしましょう。

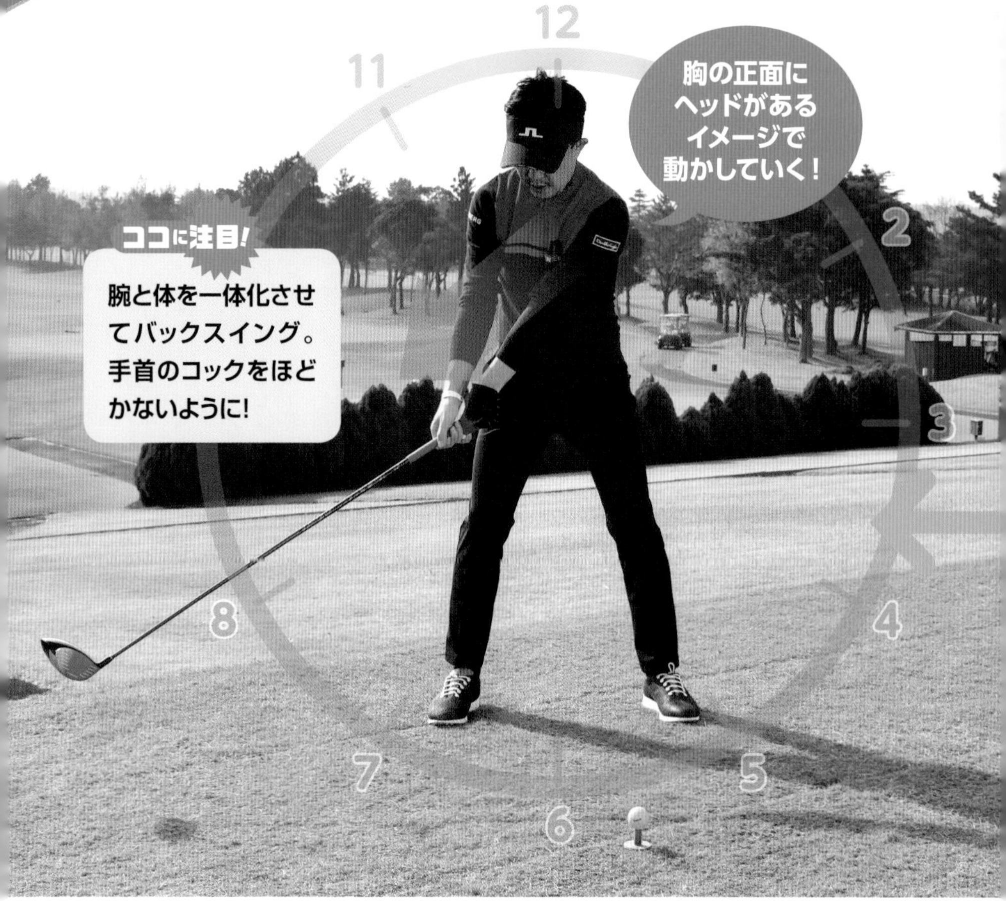

ココに注目!

腕と体を一体化させてバックスイング。手首のコックをほどかないように!

胸の正面にヘッドがあるイメージで動かしていく!

手首で上げてしまうと体が回転しづらくなる

早い段階からコックを使うとバックスイングの後半に大きな筋肉が動かしづらくなるので注意しよう

バックスイング

2 バックスイングは少し縦振りのイメージを持とう

懐の深いバックスイングを作るポイント

バックスイングの上げ方ですが、少し縦振りにするイメージを持つと良いでしょう。前傾姿勢を保ったまま縦に上げていくと、肩と腰が回転しやすくなり、トップのポジションが高くなります。おすすめしないのが横方向へ上げることです。横振りは前傾角が崩れる要因でもあり、スイングが不安定になりミート率を下げてしまいます。

縦振りのイメージを持てば肩と腰が回転しやすい！

クラブを縦に上げていくと懐が深くなり余裕のあるトップポジションが作れ、高い位置からクラブを振り下ろせる

ココに注目！

両肩が回転しやすくなることで大きな力を溜めることにもつながる

Bad

横振りのイメージだと前傾が起き上がりやすい

横振りのバックスイングは、前傾姿勢が起きやすく、体の回転もしづらい。窮屈なスイングになってしまう

3 ミート率を高めるためにも フェース面を閉じて上げる

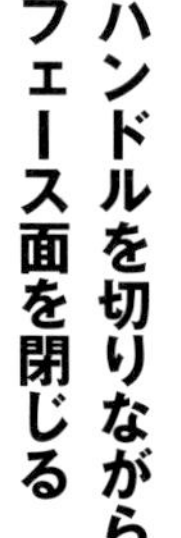

ハンドルを切りながら フェース面を閉じる

ミート率を高めるためには、フェース面を閉じた状態でインパクトを迎えることが重要になります。フェース面を閉じる意識は、バックスイングから持たなければいけません。

フェース面を閉じるポイントは、車のハンドルを左へ切るイメージで動かしつつシャットに上げること。手首を少しロックさせ、こねないようにします。

スイングは円運動で動くためフェース面は開きやすくなる。開かないよう注意する

フェース面を閉じながら上げることをシャットに上げるという

【ドリル】

フェース面の開閉がチェックできるドリル

構えた状態で前傾を起こす。そこから上半身を90度回転させ、再び前傾姿勢を作る。このときのフェース面がスクエアになるはずだ。そこから少しだけシャットにして確認しよう

バックスイング

4 左肩を下げながら動かし 右股関節に体重を乗せる

バックスイングの始動時の
動作ポイント！

始動とともに
左肩を下げながら
移動させる！

体重移動という言葉に惑わされないように

バックスイングでの体の使い方ですが、右足側に正しく体重移動させることが重要です。

始動とともに左肩を下降させて肩を回転させていきます。そして、右腰を背後に引くように回転させ、右股関節に体重を乗せていきます。体重移動といっても腰が右に流れてしまわないように。スエーしてしまうと回転動作が作れません。

バックスイングの始動とともに、左肩を下げながら体重を右股関節に乗せていく。左肩が下がるからスムーズに体重移動できる

右腰を背後に引いて
腰を回転させて
体重を乗せる！

Bad
左肩で顔を押し
上げてはいけない

Bad
右腰を横にスライド
させてはいけない

【ドリル】

ペンを使って体重移動の仕方を習得

ペンを右股関節に挟んで指で押さえる。この状態でアドレスを取りバックスイング。ペンを抑えながら後ろに回転させたとき、ペンから指を離しても落ちない。これが右股関節に体重が乗った状態だ

バックスイング

5 頭はその場に残さない！上半身は右足側に移動する

頭を約半分から1個分移動させて上半身を右足側に乗せる。右腰を背後に回していけば回転できる

頭が動かないプロは筋力と柔軟性のおかげ

頭をその位置に残しながらバックスイングをするほうが良いという理論もありますが、無理に頭を残すのは絶対にやめてください。プロゴルファーで頭を残したスイングをしている選手は筋力と柔軟性があるからです。真似しようとすると、肉体的にしんどく、窮屈なスイングとなります。頭はその場に残さず移動させていきましょう。

CHECK!

足下に置く棒よりも左肩が右足側に動けばOK

自分のバックスイングで上半身がしっかり右足側に乗っているかを確認できるドリル。両足のセンターにおく棒より、左肩が右足寄りに動けばOKだ

CHECK!

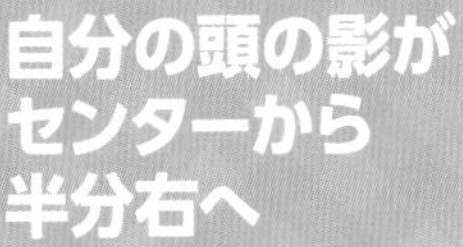

自分の頭の影がセンターから半分右へ

自分の影を見ながら行うドリルもおすすめ。ボールを2つ用意し、バックスイングの移動で頭の位置が約半分から1個分右へ移動すればOKだ

バックスイング

6 下半身と上半身をシンクロさせる

ポイントとなる部位を指で押しながらチェック！

左肩と右の股関節を人差し指で押さえる。クラブや棒をタスキのように付けるのでもOK

棒やクラブをタスキ掛けして確認

下半身は回転 上半身は右移動

バックスイングで下半身と上半身の動きをスムーズに行うには、2つの動きをシンクロさせる必要があります。下半身のポイント点は右腰で、上半身は左肩です。右腰を背後に引きながら回転させ、同時に左肩を下げながら右足側に移動させせます。つまり、下半身は回転させて上半身は移動させる。これを意識して動かしてみましょう。

腰とシンクロ
させるように左肩を
人差し指で押して右へ
移動させる！

右の股関節を
背後に回転させるため
人差し指で押す！

右の股関節を背後に回転させながら、左肩を右へ移動させる。シンクロさせて動かしていく

CHECK!

右肩を先行させれば回転はスムーズに！

両肩をスムーズに右回転させるためには、前にある右肩を先行させることがポイント。右肩を背後に回すことで左肩が引っ張られて付いてくるイメージを持とう

7 目指すバックスイングは捻転？それとも回転？

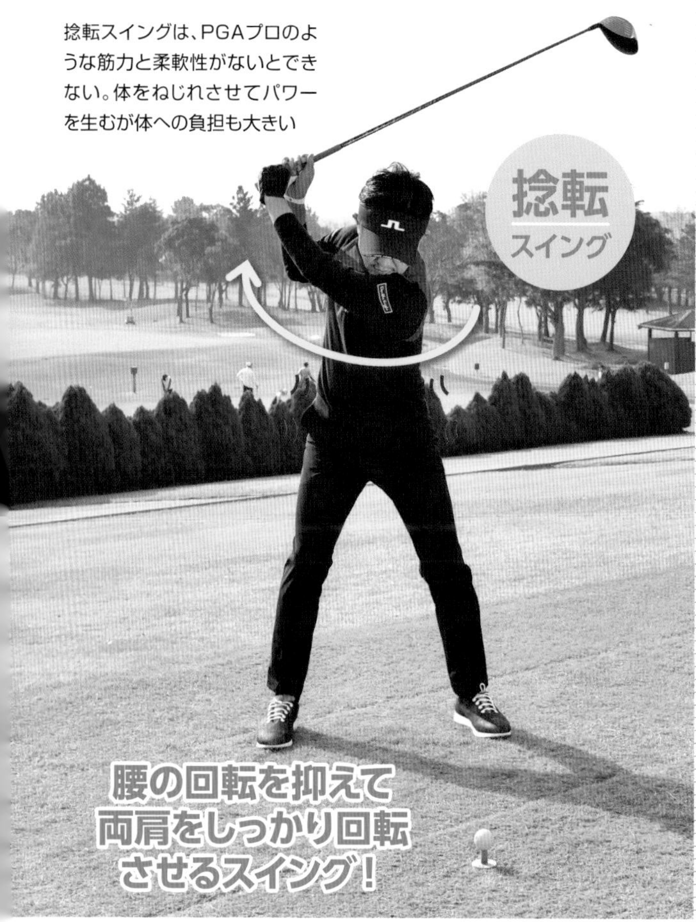

捻転スイングは、PGAプロのような筋力と柔軟性がないとできない。体をねじれさせてパワーを生むが体への負担も大きい

腰の回転を抑えて両肩をしっかり回転させるスイング！

ミート率が高まるバックスイングとは？

バックスイングでの体の回転動作は2パターンあります。腰の回転をなるべく抑えて両肩を回転させる捻転スイング。腰も肩も同調させて回転させる回転スイングです。ミート率を高めていくには、回転スイングがおすすめです。体の負担も少なく習得もしやすいのが特徴で、体が硬いなと感じるゴルファーはぜひ試してみてください。

回転スイング

腰も肩も適度に回転させるミート率も高まるスイング！

回転スイングは、腰も肩も適度に回転させるバックスイング。このパートで紹介している各項目は、回転スイングをする上でのコツになる

CHECK! 胸の面を下に向けることで回転がしやすくなる

回転スイングをする上でのポイントは、胸の面を下に向けたまま回転させること。無理に回そうと胸が上を向くと回転ではなく伸び上がりになってしまう

8 バックスイングの途中で切り返しをスタートしない

腰と肩が回転し終わってから
ダウンスイングをスタート！

バックスイングで動かしている両肩と腰。回転が終わるまでしっかり回すことが重要だ

腕主導のスイングにしないためのカギ

バックスイングが終わったら切り返しと動いていきますが、バックスイングの途中で切り返して、ダウンスイングをスタートさせてしまう方がいます。これはおすすめできません。途中で切り返してしまうと、ほぼ100％腕が先行しての手打ちのスイングとなってしまいます。腰と肩の回転が終わってから切り返すのが重要になります。

トップポジションまで
両肩を回し、
そこから切り返す

ココに注目!

トップまで回転すれば、来た方向に戻ろうとする動きである回転返しが生まれる。これが安定したダウンスイングを生む

回転途中だと腕が先行する手打ちになる

トップポジションまでしっかり回転しないと、切り返しで腕始動のダウンスイングになってしまう

COLUMN

ゴルフ上達の処方箋 #03

プッシュスライスに悩んでいる方必見の対処法

明日ラウンドがあるので前日練習にいったら、プッシュアウトやプッシュスライスが出てどうにもならなくなることってありますよね。じつは、これらが直らない方への対処法があります。

1つ目の方法は、グリップをフックグリップにすることです（グリップの確認方法は28ページ参照）。普段から少しフックの方でしたら、ナックル1つ分くらい強めのフックにしても構いません。ただ、左手の拳が、4つ以上見えるような強烈なフックは避けましょう。左手首がロックされてスイングでケガをする恐れがあります。

グリップ調整で直らない人は、バックスイングでフェース面をシャットに上げることを試してみてください（38ページ参照）。フェース面が地面を向くくらいに閉じて、トップ、そしてダウンスイングへ移行します。こうすれば、フェース面の開きが抑えられ、右へ飛ぶボールが軽減できるはずです。これで9割の方は直るかと思います。ただ、根本治療ではありませんので、頻繁に出る方はスイング改造することをおすすめします。

PART 3

トップ
ポジション

トップポジションのコツ

切り返しのタイミングや回転時の体勢作りがトップポジションでの重要ポイント

トップポジションを完成させるまでの流れ

スイングの折り返し地点であるトップポジションは、急がずしっかり体勢作りをすることが大切です。ここで動作を焦ってしまうと、その後のダウンスイングからインパクトで安定感を欠き、ミート率が下がる原因となります。

トップポジション

1 トップで「間」を作ればミート率が安定する

Bad

バックスイングの反動でクラブを下ろしてはいけない

コンディションで「間」を変える

スイングの折り返し地点であるトップポジション。ここから切り返しを急いではいけません。適度な「間」を作ることが重要になります。よくあるのがバックスイングの勢いのまま反動で切り返ししてしまう動き。これだとダウンスイングでヘッドの位置がブレてミート率が悪くなります。トップでは一呼吸を入れるくらいが良いでしょう。

折り返し地点のトップで適度な「間」を作る

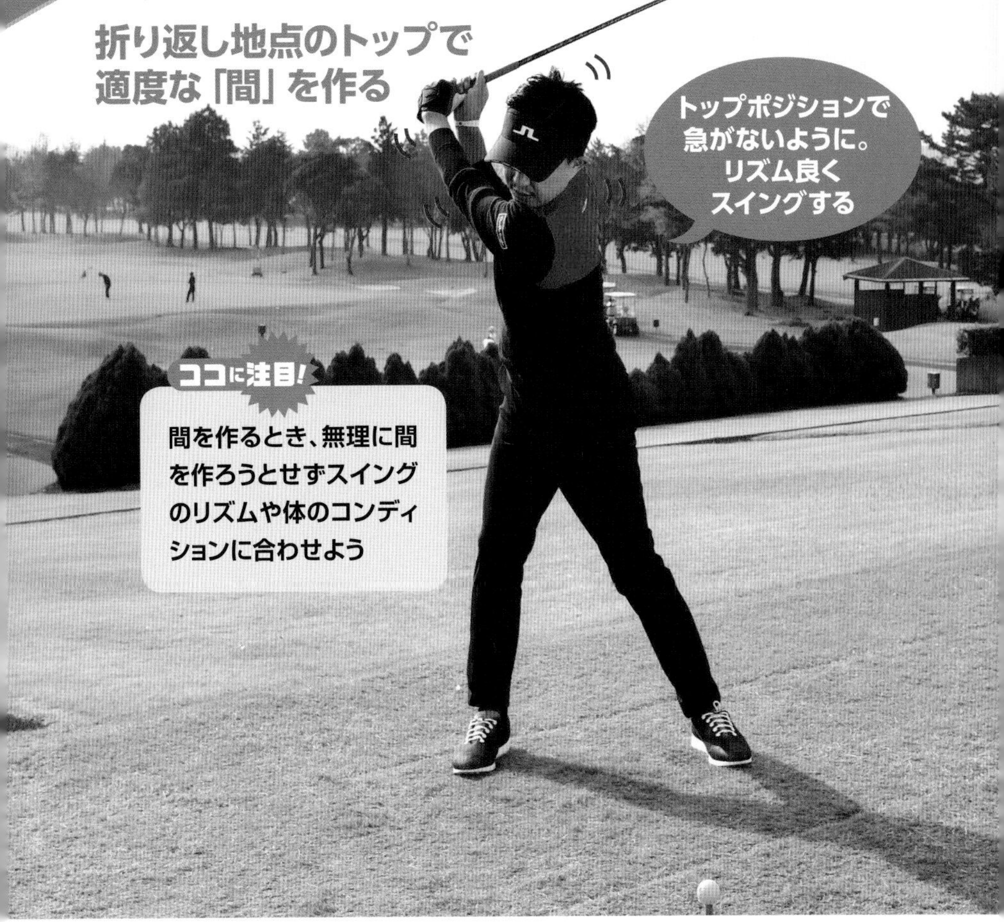
トップポジションで
急がないように。
リズム良く
スイングする

ココに注目!

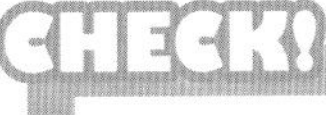

間を作るとき、無理に間を作ろうとせずスイングのリズムや体のコンディションに合わせよう

CHECK!

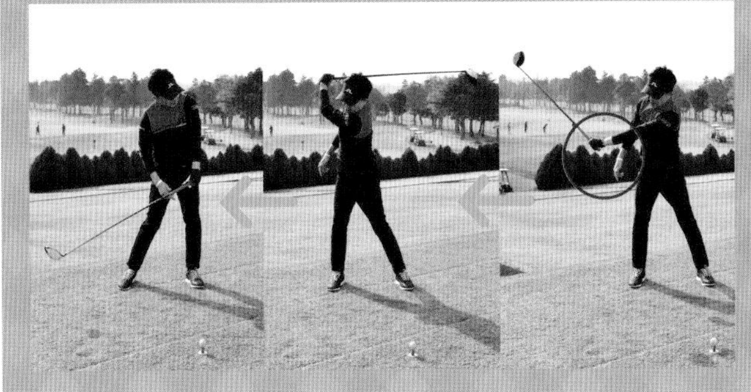

左手だけで素振りをして「間」をつかむ

左手1本で素振りを5回ほどする。打ち急くことがなくなり、理想的なトップの間を体感できる

トップポジション

2 トップポジションでの4つのチェックポイント！

回転スイングと前傾キープが重要

トップポジションでは4つの動作を意識してもらうだけで正しいポジションとなります。①両肩と腰をしっかり回転させること。②上半身の軸が右足側に傾いていること。③胸の面が下を向いた状態になっていること。④前傾姿勢をキープしていること。この4つです。これらを守ればシャフトが平行より越えてしまっても問題ありません。

シャフトが地面と平行ではなくヘッドが下がる現象をオーバースイングと言う。NGとされているオーバースイングは、前傾角度が崩れてしまうことが問題。前傾が保たれていればOKだ

トップポジション

3 フェース面が開かないよう左手首の角度を一直線に！

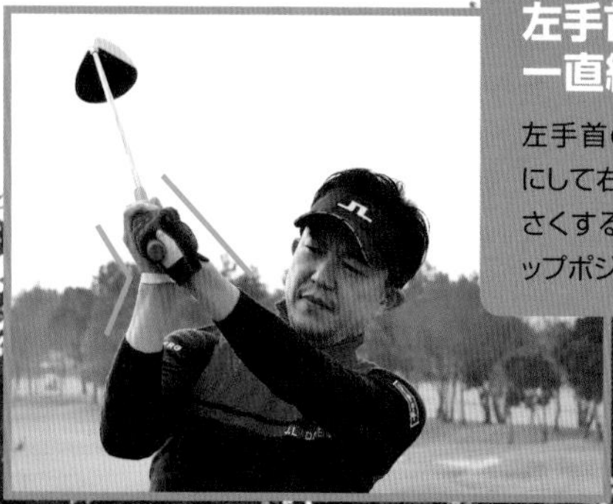

左手首の角度は一直線が理想！

左手首の甲側を一直線にして右手首の角度を小さくするのが理想的なトップポジション

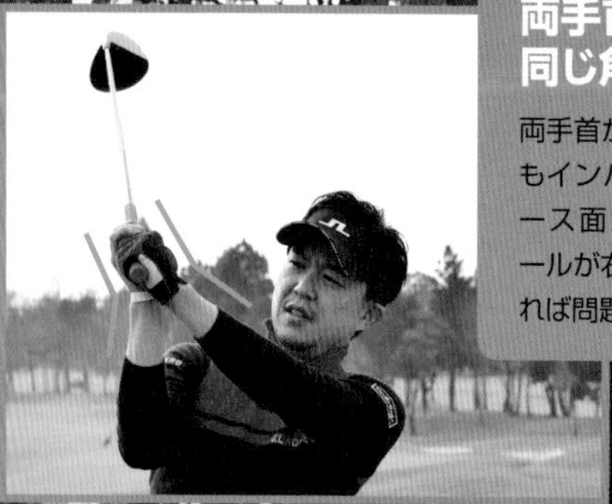

両手首が同じ角度

両手首が同じ角度でもインパクトでフェース面が開いてボールが右に飛ばなければ問題ない

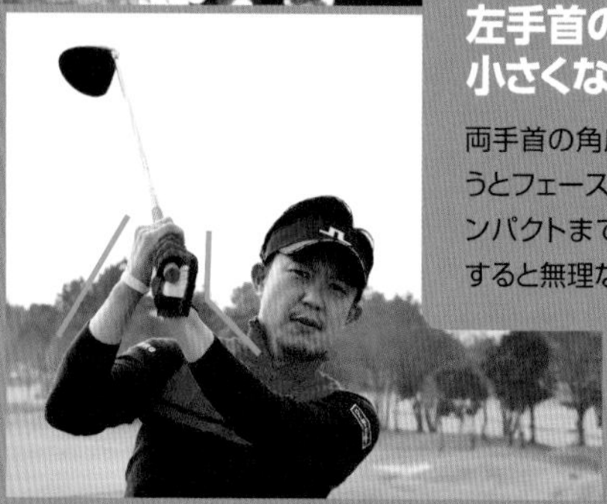

左手首の角度が小さくなると問題！

両手首の角度を逆にしてしまうとフェース面が開く要因。インパクトまでに調整しようとすると無理な動作となる

左手首の角度を大きく 右手首の角度を小さくが正解！

ココに注目！

右手の平がグリップから離れないように注意しよう

両手首の角度がインパクトに関係する

ダウンスイングにかけてフェース面を開かずにインパクトするためには、トップポジションでの両手首の角度調整で改善できます。ポイントは、左手首の甲側を一直線にすることです。この手首の角度がフェース面を閉じることにつながります。決して右手首の角度を大きく、手の甲を伸ばさないように注意しましょう。

トップポジション

4 理想的なトップの位置は右ヒジの形で決まる

×Bad

右脇が開いてしまう

右ヒジを高く上げるようなトップポジションは、クラブの不安定さを生み出す原因だ

トップの形を体に覚え込ませる

理想的なトップポジションを作るためには、右ヒジが適度に折りたたまれた状態を作ることです。56ページで解説した4つのチェックポイントを体現できたとしても、クラブを上げたときに右脇が開いてしまうと、クラブが安定せずに暴れてしまいます。防ぐためには、左で紹介しているドリルを実践してみてください。おすすめです。

Good

右ヒジが適度に折りたたまれた状態にする

ココに注目!

ピタッとトップポジションを収めるには、右ヒジの使い方がポイント!

右ヒジを適度に曲げて左手主導でクラブをトップポジションまで動かしていこう

【ドリル】

右ヒジをホールドしてバックスイングする

トップのポジションを体に覚え込ませるドリル。右ヒジをホールドしてバックスイングを取ってみよう。右手にクラブを持ち左手は右腕を持つ。左手が右腕から離れないようトップまで動かしていく。5回くらいで体は覚えてくれる。

COLUMN

ゴルフ上達の処方箋 #04

芯で打った感覚をつかめれば飛距離は伸びていく

「プロローグ」でも説明しましたが、ドライバーで飛距離アップを目指すには、ミート率を高めつつヘッドスピードを上げることが大切です。ヘッドスピードを上げることだけが飛距離とイコールにはなりません。本書のテーマでもある「ミート率」がキーになってきます。

このミート率を上げるには、アドレスからフィニッシュまでのポイントを意識しながら、動作につなげていくことが大切ですが、練習場でぜひ取り組んでもらいたい方法があります。それは、ヘッドスピードをわざと3割減にしてショットを打つことです。まずは、100%のショットを数球打ちます。その後、3割程度スイングスピードを落とします。通常230ヤード飛ぶ人が、160ヤードくらいに落とすイメージです。10～20球ほど打つと、芯で打った感覚をつかめてくるはずです。そうすると、力を加えていないのに200ヤード近く距離が伸びてきます。ミートする感覚を体が覚えたら、徐々にヘッドスピードを上げていく。この流れの練習を実践してみてください。

PART 4

ダウンスイング

ダウンスイングのコツ

ミート率を上げてまっすぐ飛ばすためにもダウンスイングは最重要ポイントだ

ダウンスイングを完成させるまでの流れ

ショットの正確性と飛距離アップのキモとなるのがダウンスイングでの動きです。クラブの動かし方、ヘッドの下ろし方、体の回転の仕方や使い方を覚えれば、ミート率の高い再現性のあるインパクトを迎えられます。

ヘッドをインサイドから下ろす
芯でボールをとらえるためのクラブ操作
手首をねじってフェースを閉じる
腰でクラブを引っ張り、腕は遅れて動く
両腰に高低差を作り、回転しながら腰を入れていく

ダウンスイング

1 ダウンスイングの始動は上下運動のイメージで！

Bad 肩を前後に動かすとカット軌道になる

前後運動の動き

右肩を前に出すようにダウンスイングしていくと、グリップが前に出てアウトサイドに下ろすことになり、カット軌道になってしまう

トップから縦に動かしていく

トップポジションからダウンスイングに入っていきます。切り返しのスタートでは体を上下運動させましょう。上下運動とは縦の動きのことで、腕を右に下げながら左腰を上昇させていきます。ここでの間違いは、前後の動きです。右肩を前に出したり左肩を後ろに動かすなどをすると、アウトサイドのスイングになるので注意しましょう。

腕を下げて左腰を上昇させるイメージ

右腕を下げる

左腰を上昇

縦の動きをイメージして、腕を下げていきながら左腰を上昇させていく

ココに注目!

適度に腕を落としていくことでインサイドからクラブが下りてくる

ダウンスイング

2 ヘッドをインサイドから下ろすポイント!

腕を下ろすことでインサイド軌道に!

ダウンスイングでは、インサイド軌道でクラブを下ろしていくことが大事です。インサイドで下ろすことで正しい円運動を描くことができ、インパクト効率も上がります。ヘッドを適度にインサイドから下ろしますが、始動で胸の面が右足側を向いた状態を維持しましょう。そうすることで、腕が落ちやすくなり自然とクラブが下ります。

ダウンスイングの始動で胸の面を右足側に向けておく

ダウンスイングの始動で、胸の面を右足側に向けたままクラブを下ろしていく

車のハンドルを右に切るイメージ

グリップ(腕)を落とせたら胸の面を回転させよう!

両手でクラブを持ち、切り返しで右手を下に左手を上に動かしていく。これがインサイドの動きだ

ヘッドがインサイドに入ったら、右足側を向いている胸の面を回転させていく

【ドリル】

ルーパー素振り

バックスイングでヘッドを極端にアウトサイドに上げて、ダウンスイングで大きなループを作るようにしてインサイドから下ろすドリル。この動きでインサイドから下ろすイメージが習得できる

ダウンスイング

3 腰で引っ張るように始動し腕は遅れてくるイメージ

腰を先行させて腕はスロースタート

ダウンスイングの始動では腰からスタート！

切り返しで左腰を上昇させていく。腕はスロースタートで、少しずつ加速させるイメージ

始動直後に腕をトップギアにしない

ダウンスイングでやってはいけない動きがあります。それは腕から始動することです。腕から動かすと腰が入らず手打ちになってしまいます。大事なのは腰からスタートさせること。腰で引っ張りながら腕が遅れてくるイメージです。このとき、頭がターゲット方向に突っ込まないように。頭はその場に残すようにしてください。

腕は少しずつ
加速させよう！

ココに注目！

頭は突っ込まずに
その場に残った状
態でスイングでき
るのが理想!

腰を回転させながらインサイドからクラブを下ろす。腕は少しずつ加速させ、インパクト直前から直後でトップギアに入れる

頭を突っ込んではいけない

頭が突っ込んでしまうと極端な上から叩きつけるスイングになる。これではフォローでヘッドが減速する

4 腰を先行させる動作を習得するドリル

切り返しで左足を下ろしながら腰を先行させる

踏み込んでから振る

腰をしっかり回転させてフィニッシュまで

腰がヘッドを引っ張るイメージ

70ページでダウンスイングでは左腰を先行させることが大事だと解説しました。腰からスタートさせる動きを習得するためのドリルをここでは紹介します。このドリルは、野球のバッティングのように足を踏み込んでからスイングします。下半身から動き出すイメージをつかむことができ、腕先行の手打ちを防止することができます。

野球のスイングのように左足を

腰主導の動きをより洗練させる

左足をさらに遠くに踏み込むことで、腰を先行させて鋭くスイングするイメージがつかめる。手打ちになっていると感じるときに有効なドリルだ

ダウンスイング

5 両腰に高低差を作ることで腰の入ったインパクトに！

距離が出る選手は腰の高低差が大きい

これまでダウンスイングでは、腰の動きが重要だと解説してきました。左腰を斜め上に上昇させて移動していくことで、腰の入ったインパクトが作れます。つまり両腰に高低差を作ることが大切なのです。ダウンスイングでは右腰をターゲット方向に押すイメージがありますが、左腰を先行させることでスムーズな腰操作になります。

左腰を高くして右腰を低くする

ダウンスイングで左腰を上昇させて高低差を作る。腰を平行移動させてしまうと頭が動いて突っ込んでしまうので注意する

ココに注目!

左腰を高くするからと右腰を無理に押してはならない。左腰を先行させるのがポイント

【ドリル】

左腰左斜め上げドリル

左手の人差し指を左腰のベルトの穴に入れる

左手でパンツのベルトを通す穴を引っ張り上げながらダウンスイングするドリル。左斜め後方に腰が動く動作を覚え込ませよう。左ヒザが伸びるのはまったく問題ない

ダウンスイング

6 左腰の上昇と上半身の動きをシンクロさせる

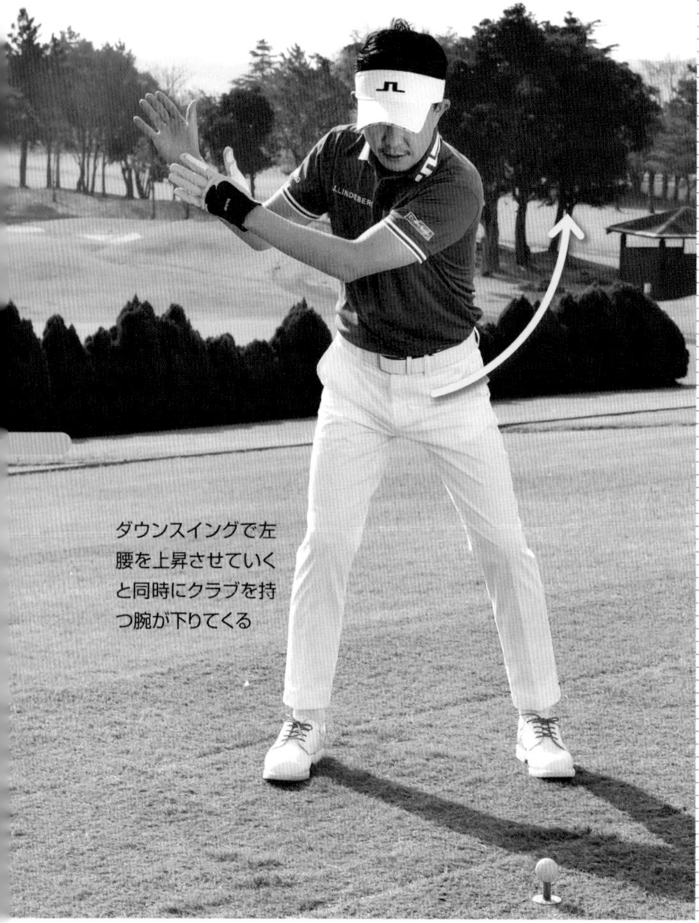

ダウンスイングで左腰を上昇させていくと同時にクラブを持つ腕が下りてくる

フォローで腰を止めるのは間違い

ダウンスイングで左腰が斜め上に上昇すると、腕も自然と落ちやすくなります。この下半身と上半身をシンクロさせる動作が、ミート率を高めるための理想的なスイングになります。

また、腕が落ちてダウンスイング後半に入ったタイミングで、左の股関節を解放させるように伸ばしていくことで腰の回転力が増していきます。

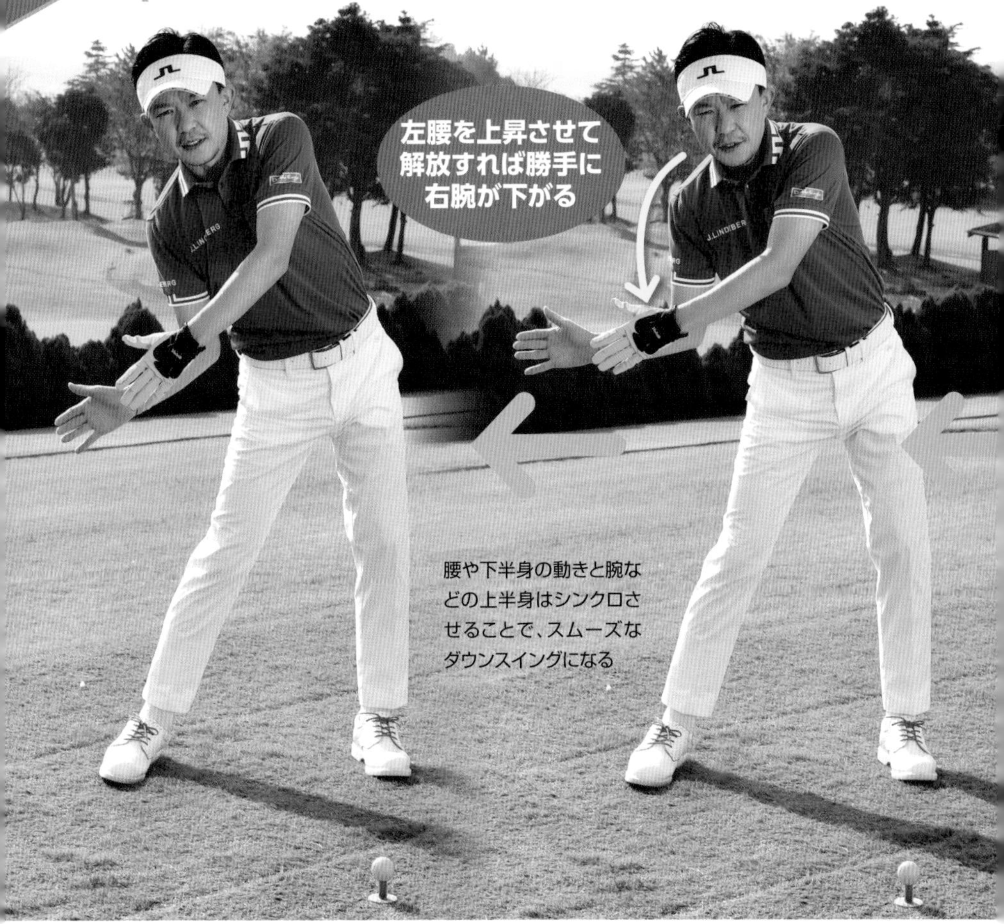
左腰を上昇させて
解放すれば勝手に
右腕が下がる

腰や下半身の動きと腕などの上半身はシンクロさせることで、スムーズなダウンスイングになる

CHECK!

Good
Bad

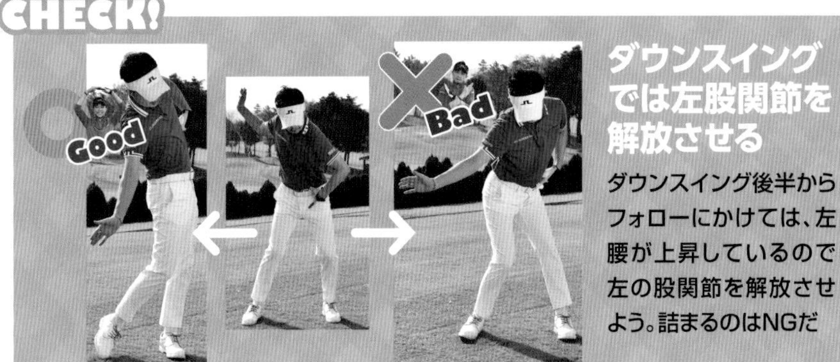

ダウンスイングでは左股関節を解放させる

ダウンスイング後半からフォローにかけては、左腰が上昇しているので左の股関節を解放させよう。詰まるのはNGだ

ダウンスイング

7 左腰を先行させたら右腰もしっかり入れていく

左腰が
先行したら右腰も
追随させる

ココに注目!

インパクトでは左腰が上がって右腰が下がる。高低差を作ることでスムーズに回転する

左腰が上昇したら、右腰を緩やかに下降させていく。下降と同時に左回転していくことも忘れずに

右腰は下降させながら回転していくイメージ

左腰を先行させてダウンスイングを行うのがポイントと説明してきましたが、左腰を先行させた後、右腰をしっかり入れ込んでインパクト、フォローを迎えると安定したスイングとなります。右腰の動きとしては、下降させながら回転していくイメージです。下に落ちるのではなく緩やかな下降曲線を描いて回していきましょう。

右腰は下降させながら回転させていく

左腰を上昇させながらダウンスイング

まずは左腰を先行しながら上昇させていく。右腰を先行させてしまうとかえって腰の回転がしづらくなるので注意する

【ドリル】

右腰をグググッと押すドリル

右手の親指を右腰のベルトの穴に通す

右腰をしっかり入れるイメージをつかむドリル。右の手のひらで右腰を「グググッ」と押し込んでいこう

ダウンスイング

8 上半身の傾きによってヘッドの下り方が決まる

上半身の軸が右に傾いた状態でスイングするのが正解！

両手を広げてから前傾姿勢を取る。上半身だけ軸を右足側に傾ける

ヘッドがインサイドから入りやすくなる

前傾姿勢を取りながらダウンスイングしますが、このとき上半身の軸が右足側に傾けた状態をキープして行うのが重要です。軸が右にあることで、ダウンスイングで腰が入りやすくなるのと、ヘッドがインサイドから入りやすくなるというメリットがあります。上写真で解説している竹トンボドリルを実践するとより明確になります。

ダウンスイングで右手が内側から下りてくる

軸を右に傾けたままバックスイングの要領で右回転。そしてダウンスイングの要領で左回転。右手がインサイド軌道になるのが分かる

Bad

軸が左に傾くと右手がアウトサイドから下りてしまう

【ドリル】

軸が分かるウインクドリル

軸が左に傾くとボールのロゴは見えない

ボールのロゴを右に向けて置く。トップで左目を閉じてウインクする。右目でボールのロゴを見続けながらダウンスイングすると軸の傾きが分かる

ダウンスイング

9 振り遅れと振り早いのメカニズムを理解する

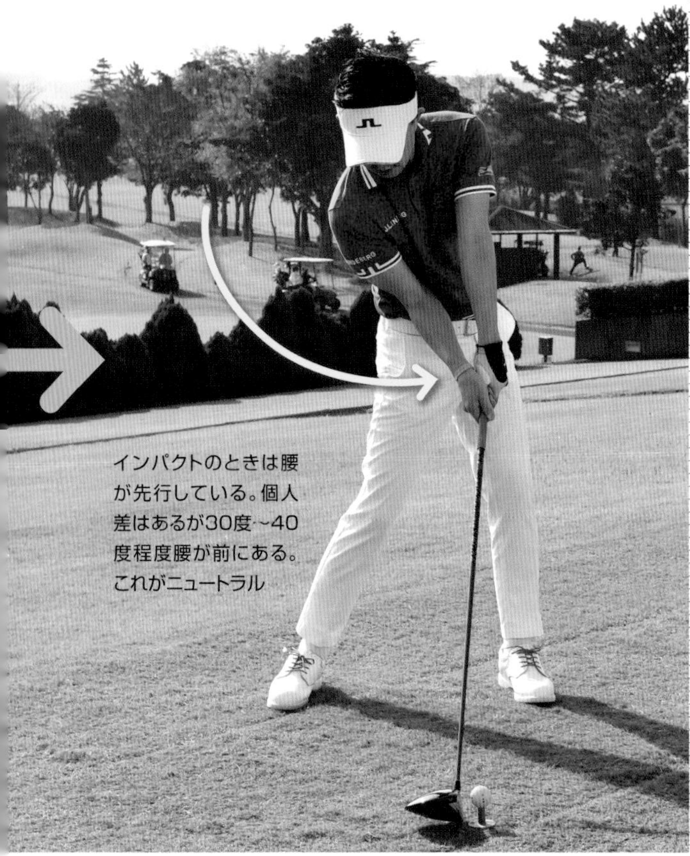

インパクトのときは腰が先行している。個人差はあるが30度~40度程度腰が前にある。これがニュートラル

振り遅れのスイング

腰を先行させすぎて腕が追いつかないと、振り遅れのスイングに。フェース面が開いてボールは右にいきます

ダウンスイングからインパクトでは腰が先行して腕が遅れて入ってくる

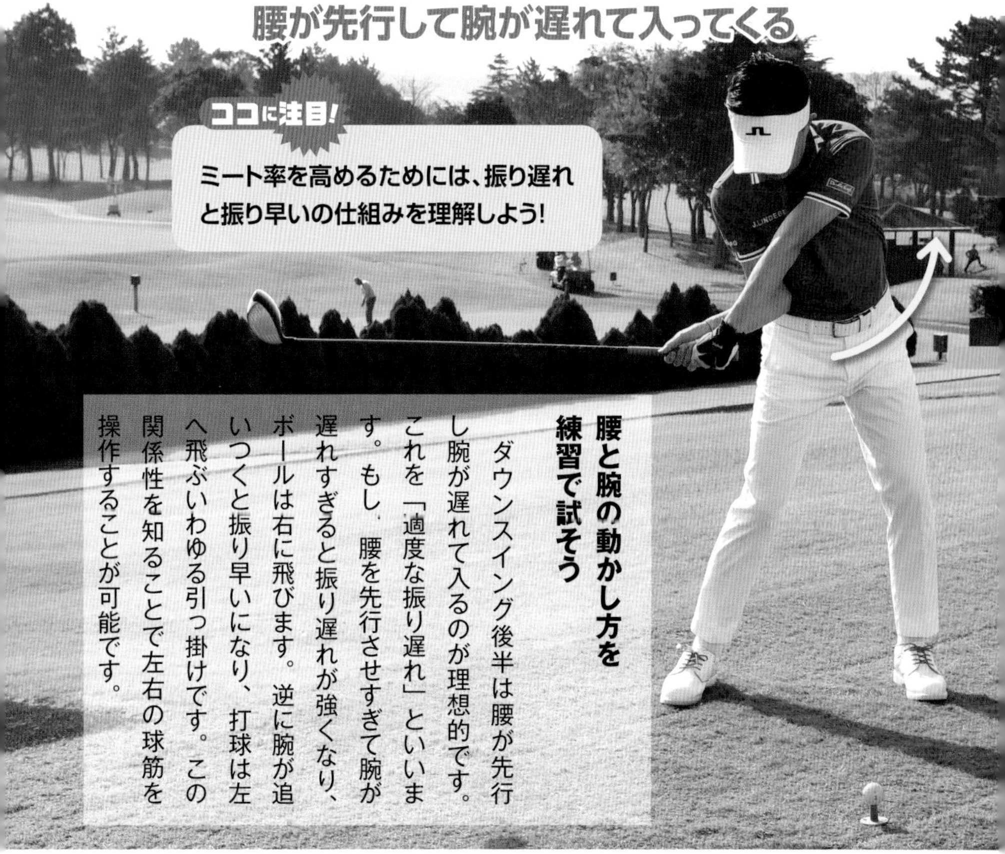

ココに注目!

ミート率を高めるためには、振り遅れと振り早いの仕組みを理解しよう!

腰と腕の動かし方を練習で試そう

ダウンスイング後半は腰が先行し腕が遅れて入るのが理想的です。これを「適度な振り遅れ」といいます。もし、腰を先行させすぎて腕が遅れすぎると振り遅れが強くなり、ボールは右に飛びます。逆に腕が追いつくと振り早いになり、打球は左へ飛ぶいわゆる引っ掛けです。この関係性を知ることで左右の球筋を操作することが可能です。

振り早いのスイング

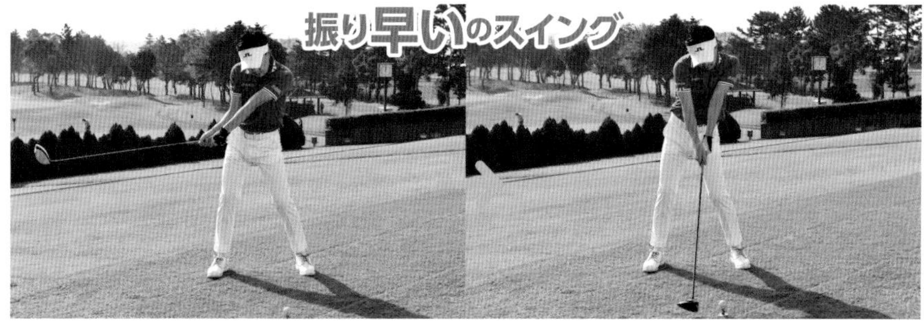

腰の先行が弱く腕が追いついてしまうと振り早いになる。腰が止まったりスイングが失速することで左に引っ掛ける

ダウンスイング

10 ミート率に大きな影響を与えるフェースの閉じ方

手首をツイストするように
フェース面を開閉する！

フェース面を閉じる際の手首の使い方は、左右に折りたたむのではなく、手首をねじって返すようにする

フェース面を閉じてボールをつかまえる

フェース面を閉じてボールをつかまえることが重要だと説明してきましたが、じつはダウンスイングでインサイドからクラブが下りてくると、フェース面が開きやすくなります。現象としては悪いことではありません。ですので、開いた面を閉じる必要があります。その閉じ方にはポイントがあり、キーワードは手首のねじりです。

シャフトの付け根を動かさないようにしながらねじる

Good

手首をねじるのが正解！

Bad

手首を左右に折り曲げるのは間違い！

【ドリル】

左手1本で面を返しながら振るドリル

左腕とクラブを一直線にして手首をねじる動作を身につけるドリル。ダウンスイングからインパクト付近で手首をねじりながらフォロースルー

ダウンスイング

11 トウファーストでダウンスイングしていく

トウ側を先行させて
クラブを下ろすイメージで！

早いタイミングでフェース面を閉じることができればスクエアにインパクトできる

ヒールファーストではフェース面が開く

インサイドからクラブを下ろしていくと、ヘッドのヒール側が先行して下りてきやすくなります。ヒールから下りてくるのは動きの現象なので問題はありません。しかし、ヒールファーストでインパクトしてしまうとフェース面が開いてしまいます。そこで、トウ側を先行させるイメージを持ってダウンスイングしてみましょう。

インサイドからクラブを下ろすとダウンスイングの動きでフェース面が開いた状態で下りてきやすくなる

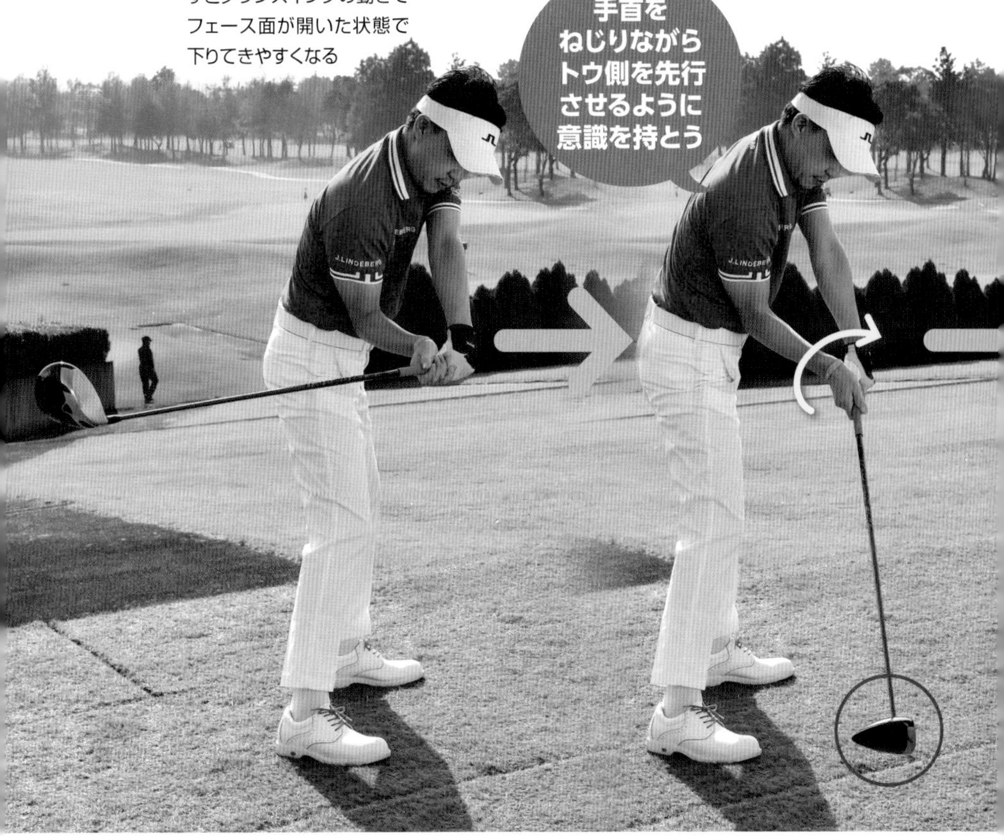

手首をねじりながらトウ側を先行させるように意識を持とう

CHECK!

右手首の角度は小さい状態を保ってダウンスイング

右手首の角度を広げてしまうとフェースは開く

右手首の角度を小さく維持する

トップで作った右手首の角度をキープしたままダウンスイングしていくとフェースが閉じやすくなる

ダウンスイング

12

芯でボールをとらえるための2つのポイント

ヘッドをなるべく早く飛球線上に乗せる

Good

Bad

ヘッド1個分くらいを通すイメージで！

ボール1個分を目安に飛球線に乗せ、インパクトゾーンを長くする

タメを早くほどけばミート率が上がる

「ダウンスイングではタメを作る必要がある！」といわれていますが、無理にタメを作ろうとするとミート率が下がりますので注意しましょう。芯でボールが打てないなと悩んでいるのでしたら、早めにタメをほどいて腕とクラブを一直線にします。この操作により、ヘッドを早く飛球線に乗せることにもなりミート率が上がります。

スイングのタメを早くほどき 左腕とクラブを一直線にする

ダウンスイングの早い段階で、左腕とクラブを一直線にする。このタイミングが早ければ早いほどミート率が上がる

ダウンスイング

13 より芯でとらえるコツ！しなり戻りを体感する

ダウンスイングでビュンと振ってしなり戻しを習得！

ココに注目！
ヘッドを先行させることでしなり戻りが体感できる

ビュンと振ってヘッドを止める。これがしなり戻りだ

ヘッドが加速するしなり戻し

芯をよく外す方に必ず実践してほしいのが、シャフトの「しなり戻り」を体感することです。しなり戻りとは、ダウンスイングからインパクトに向けてシャフトがしなり、しなりが返る（戻る）ことでヘッドが加速するメカニズムです。このしなり戻りのタイミングが合えば、芯でボールをとらえる率が上がるので習得しましょう。

ビュンと音が鳴るように!

クラブを逆に持つ。ダウンスイングでビュンと振っていく

CHECK!

インパクトに向けてしなり戻ってヘッドが加速

クラブを普通に持ってドリルで行ったしなり戻りのイメージで振ってみる。ヘッドが先行するがそれでOKだ

COLUMN

ゴルフ上達の処方箋 #05

ボールがしっかり当たらない！ドツボにはまる前の対処法

練習をしているときにボールが当たらなくなる人は大勢います。ボールが当たらなければ当たらないほど、何とかしようと肩に力が入りスイングが崩れ、ドツボにはまって抜け出せなくなります。そんな状況での対処法をご紹介します。

やることはとてもシンプルです。まずは、グリップを短く握ります。親指1つ分くらいです。ゴルフクラブは長くなるほど芯で打つのが難しくなりますので、操作性の高い状態にして練習しましょう。グリップを短く持つだけではなく、番手を大きく（短く）するのも手です。ドライバーを使っていたのならアイアン。7番アイアンなら9番と変えてみましょう。

次に試してほしいのは、ダウンスイングの加速を抑えることです。無理に振りにいって体があおられてバランスを崩すことも原因だからです。1～2割程度加速を弱めることで軸が安定します。このときインパクトの強さを調整すると、かえって難しくなります。フォロースルーからフィニッシュを小さくするイメージを持つことで、無意識のうちにダウンスイングが抑えられます。

PART 5
インパクト

インパクトのコツ

まっすぐ正確なボールを打つためのインパクトのポイントとは?

左肩を上昇させて左腰をシンクロさせる

インパクトをスイングの通過点にする

インパクトを完成させるまでの流れ

インパクトでボールを当てにいくなどのクラブ操作はかえってミート率を下げる要因です。ダウンスイングの動作からスムーズにつなげ、正しいインパクトのイメージを持ちながら、少しだけ体の動かし方を調整すればOKです。

タイミングと身体操作でヘッドを加速させる

アッパー軌道でヘッドの芯でボールを打つ

インパクト

1 フェース面の芯ではなくヘッドの芯で打つ意識

フェース側から見ると芯は真ん中あたりにあるが、面ではなく中にある

ドライバーの芯は、ヘッドを上から見たときの真ん中の奥にある

ドライバーはアッパー軌道が基本

インパクトのイメージを持つときに注意点があります。多くの方はフェースの芯にボールを当てようという意識でスイングしますが、その意識だと上から叩きつけるようなヘッド軌道になってしまいます。ドライバーはアッパー軌道が基本です。そのためには、フェース面を先行させて適度なアッパーブローで打つ意識が大切です。

フェース面を先行させればヘッドが加速する

芯はヘッドの中にある。芯で打つにはフェース面を先行させ、ヘッドの芯に当てる意識を持つ。フェースが先に動くとヘッドは加速しボールを押せる

インパクト

2

ヘッドを加速させるリリースポイントの調整法

リリースがほどけるポイントは上半身の軸の延長線上になる

リリースポイントをほどくタイミングは、上半身の軸の延長線上にする。ここがヘッドが一番加速するポイント

インパクト前後で加速させるのが理想

インパクトではヘッドを加速させることで理想的なボールが打てますが、加速させるにはリリースポイントを調整することが重要です。リリースポイントとは、ダウンスイングでのタメがほどけるポイントを言いますが、左腕とクラブが一直線になるところです。もっとも加速させたいインパクト前後にリリースすることを意識しましょう。

Good

軸が右に傾ければインパクト前後がリリースポイントに！

ダウンスイングからインパクトに向けるときは上半身の軸を右に傾けることで加速する

左腕とシャフトが一直線になるタイミングでリリースをほどくのがベストだ

軸が左に傾くと早くほどけて失速する

上半身の軸を左に傾けるとリリースポイントが早くなりインパクトで減速してしまう

インパクト

3 インパクトのイメージとヘッドを加速させる裏ワザ

インパクト前後は体の右側でさばこう!

インパクトは上半身が体の右側に残った状態で打つイメージ。頭や目も右側にあるようにしよう

頭の位置は体の右半分に残す

ヘッドを加速させる裏ワザがあります。それは、インパクトを迎えるときに頭をターゲット方向とは逆（右方向）に移動させることです。頭を右足側に動かすことで対局にあるヘッドが左にビュンと加速するのです。98ページでも紹介した上半身の軸の傾きとセットで考えると、インパクト前後は右側でさばくイメージを持つと良いでしょう。

頭をターゲット方向の逆に移動させるとヘッドは加速

ココに注目!

頭を無理に動かすとバランスが崩れるという人は少し傾けるだけでいい!

インパクト直前から直後にかけて、頭を右足側に移動。こうすることでヘッドの加速を生む

ダウンスイングの始動で頭を動かすのはダメ!

頭を動かすことでの注意点は、ダウンスイングの始動時に動かしてしまうことだ。土台である下半身が不安定になる

インパクト

4 インパクトはゴールではなく通過点

ボールを打ちにいくと体の動きが止まってしまう

Bad

左手を止めて右手で動かすとよじれる

紙を押さえている左手が左腰、右手がクラブを持つ腕だと例える。紙を動かす際に、左手を止めて右手だけを動かすと紙はよれてしまう。スムーズに動かないことを示している

インパクトで体の動きを止めない

ボールを打ちにいく意識が強く働くと、スイングのゴールがインパクトになり、体の動きが止まってしまいます。インパクトはゴールではなく通過点。肩や腰の動きを止めないように注意しましょう。ポイントは、左腰を先行させていくことです。クラブを持つ腕を先行させてしまうと、体の動きは必ず止まってヘッドも失速します。

Good 左腰を先行させることで動作が止まらなくなる

左手を先行させればスムーズに動かせる

左手が左腰、右手がクラブを持つ腕のイメージ。スムーズに左方向に動かすには、前にある左手を先行させて動かすこと。右手は何もしなくても動いていく。これと同じことがスイングに言える

【ドリル】

クラブを逆さに持ちビュンビュン振る

無意識のうちにインパクトを通過点にできるドリル。クラブを逆さに持ってバックスイングからフィニッシュまで振り、その後、反対側に向かってスイングする。クラブを振ることにも慣れてくる

インパクト

5 インパクト時のヘッドの軌道を要チェック！

軌道をイメージすることが大事

96ページでも触れましたが、ドライバーでは上からボールを打ち込まず適度なアッパーブローでインパクトすることが理想的です。インパクト前は緩やかな軌道でヘッドが入り、インパクトにかけて上昇していきます。軌道は右足の前を通過するくらいにレベルになり、両足のセンターを越えたくらいからアッパーになるのが目安です。

アッパーでインパクトすれば、ボールも高い弾道で飛んでいく

インパクトに向けてヘッドが上昇していく

右足の前を通過するくらいでレベルになる！

体の正面を通過するくらいからアッパーブローになる！

高い位置からヘッドが下りてきて右足前を通過するくらいにレベル（平行）にするイメージ

両足のセンターを過ぎたくらいからアッパーブロー（上昇）になっていく

インパクト

6 インパクト時における左腰と左肩のシンクロ

左肩をターゲット方向に
移動させてから上昇させる

左腰と左肩のシンクロにより、腕が進むスペースが生まれるため、フォロースルーが大きくなる

左肩の意識を持てば アッパーブローに！

理想的なインパクトを作るためには、左腰と左肩のシンクロがポイントです。まず、ダウンスイングで左肩を左斜め上に向ける意識を持ちます。顔から左肩が離れていくイメージです。左腰も一緒に上昇させていき適度にターゲット方向に移動させます。肩と腰のシンクロがないと、手で上げる「すくい打ち」になるので注意しましょう。

ダウン
スイングで
左腰を先行させ
左肩も移動

インパクト
に向けて
上昇させて
いく

左肩（腕の付け根）をターゲット方向に移動させつつ上昇する

左腰もシンクロさせるようにターゲット方向に左斜め上に向けていく

左腰と左肩の上昇がないと突っ込む形に

ボールを当てにいく気持ちが強いと体が突っ込む。左腰と左肩の上昇がないことを表している

COLUMN

ゴルフ上達の処方箋 #06

インパクトはアドレスの再現ではない！

「アドレスで構えたところに、インパクトでヘッドを戻せばいい!」このようなインパクト理論を聞いたことがあるかもしれませんが、まったくの間違いです。アドレスとインパクトの形は、違います。何が違うかというと、グリップの位置、クラブの位置、体の位置すべて。インパクトはアドレスの再現ではないのです。

まず、アドレスはPART1で解説していますが、ドライバーの場合、ヘッドファーストで構えます。グリップの位置はほぼ体のセンターで、腰の回転ももちろんありません。

それでは、インパクトではどうかというと、グリップが左斜め上方向に移動し、体も回転します。左肩が上昇していくため、グリップが高い位置に移動します。これをグリップアップと言いますが、インパクトゾーンを長くクリーンに打つためにも、この動作は欠かせません。ですので、インパクトをアドレスの位置に戻すことは避けてください。その意識を持ってしまうと、ボールを当てにいく、突っ込むインパクトになってしまいます。

PART 6
フォロースルー&フィニッシュ

フォロースルー&フィニッシュのコツ

スイングの後半のフォロースルーとフィニッシュがミート率を変える

頭の位置と動かし方でフォロースルーを大きくする
ヘッドを加速させるクラブ操作
おへその向きや肩や腰の回転を意識する

フォロースルー&フィニッシュを完成させるまでの流れ

インパクトまでのスイングの過程がフォロースルーに現れます。良いフォロースルーからフィニッシュへとつなげることが、ミート率の高い正確なショットを打つためには欠かせません。フォロースルーの振り抜きとフィニッシュの形を習得しましょう。

フォロースルー

1 フォロースルーでは頭を右足側に残す

右足側に残した状態を維持するのがポイント

ココに注目!

ヘッドが4時を越えてから自然と頭がターゲット方向に移動するイメージで!

ターゲット方向に頭が突っ込まないように

スイングはインパクトで終わりではありません。フォロースルー、フィニッシュにもミート率を高めるポイントがあります。まずは頭の位置です。フォロースルーでは、頭を右足側に残した状態にしましょう。決してターゲット方向に突っ込まないように。ヘッドが時計の針で4時に来るまでは頭は残すようにしましょう。

12 1 2 3 4 5 6 7 8 9 10 11

時計の4時の位置を越えるまでは頭を残す

正面から見て、クラブヘッドが時計の4時に来るまでは頭を右足側に残すように

4時

インパクト直後に頭が動いてはいけない

インパクトのタイミングで頭が動くと突っ込んだことになり、ミート率が下がるので注意する

フォロースルー

2 フォロースルーでもしっかり加速させる

フォロースルーでのヘッドは大きく回すイメージ。左腰の位置を高くすればスムーズに回転できる

フォロースルーを大きくしよう

スイングは、インパクト後も引き続きヘッドを加速させるイメージを持つことが大事です。ですので、バックスイングよりもフォロースルーのほうがヘッドの円運動が大きくなるようにします。体の回転はおよそ3割増し程度。決してバックスイングと同等の回転ではありません。加速のポイントは左腰。左腰の回転を止めないことです。

左腰を上昇させてから フォロースルーで回転させる

フォロースルーは右腕では押さず、左腕で引っ張るようにしよう

Bad

左腰が低いと回転できず手打ちに!

フォロースルーで加速させるためには左腰を背後に回転させること。ただ、ダウンスイングで上昇させてからの回転が必須

【ドリル】

加速を生むための グリップティー ドリル

ティーをグリップの裏側に当てて握る。そうすると左手に意識がいきやすくなり、左腕主導で振ることができる。これで素振りをすれば、フォロースルーの加速を体感できる

フォロースルー

3

頭とヘッドの距離を遠くするのがポイント

大きなフォロースルーを作るために必要な意識

ココに注目!

顔と左肩の距離を遠くするイメージを持つとよりフォローが大きくなる

末端のヘッドが失速せずに加速する!

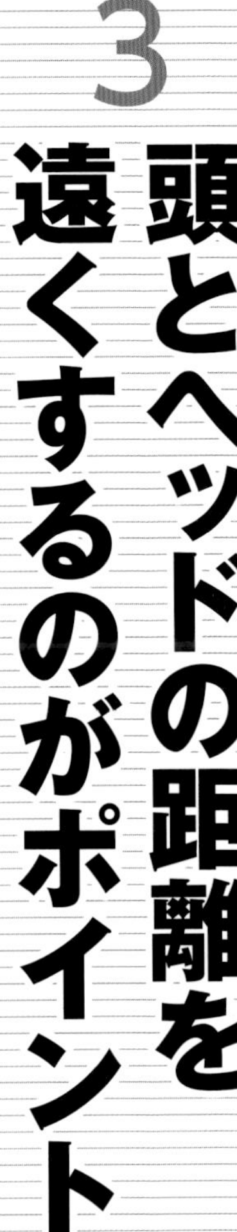

ヘッドを失速させないで加速させる

112ページで解説しましたが、頭の動作を覚えておくと多くのメリットがもたらされます。フォロースルーを大きくするには両腕を伸ばしていくことがポイントになります。その動作を自然なものにしていくためには頭が関係します。インパクトで頭を右足側に残しますが、フォロースルーで頭とヘッドの距離をより遠くするのです。

インパクト直前からヘッドが進む方向とは逆方向に頭を移動させる

フォロースルーでも頭とヘッドの距離を遠くする。こうすることで自然と両腕が伸びる

頭とヘッドを縮めると失速する

インパクト後に頭を突っ込んでヘッドとの距離が近づくと、クラブは振れずヘッドも失速する

フォロースルー

4 フォロースルーでは両腕を伸ばす

Good

両腕を伸ばすために手首を小指側に折る

フォロースルーでは手首を小指側に折って両腕を伸ばしていく

ココに注目!

ヘッドをより遠くにするイメージを持つと自然と手首は小指側に折れる

クラブが地面と平行までキープ

フォロースルーでは両腕を伸ばすことでヘッドが走りますが、さらに両腕を伸ばすためのポイントがあります。それが手首の使い方です。インパクトから腕を伸ばしながら手首を小指側に折ります。クラブが地面と平行になるポジションまではこの状態を保ち、フィニッシュの直前に手首を親指側に折ってスイングを仕上げていきます。

Bad

手首を親指側に折るとヘッドが失速する

フォロースルーで親指側に折るとヘッドが遠くにいかず失速するので注意しよう

CHECK!

フィニッシュ間近で親指側に手首を折る

手首を小指側に折るのはフォロースルーでクラブが地面と平行になったところまで。そこからは手首を親指側に折りながらフィニッシュ

フォロースルー

5 フォロースルーでは左斜め上方向に振り抜く

斜め上へのフォローの意識を持てば体がより回転する

斜め上方向に振り抜く意識を持つ。プッシュに悩んでいる人は、少し早く左に振る意識を持つなどして調整しよう

円運動でヘッドが上昇していく

フォロースルーでの振り抜き方向は、ターゲット方向だと思う方もいらっしゃるかもしれませんが、正解は左斜め上に振り抜くことです。スイングは円運動ですので、ターゲットに向けてしまうと右に打ち出されたりヘッドスピードの減速にもつながります。大事なのは腰をしっかり回転させて終わること。左に振る意識を持ちましょう。

円運動を意識しながら ヘッドを斜め上に振っていく

ココに注目!

インパクト以降は円運動でヘッドは左斜め上に向かっていくのがセオリーだ

飛球線に振り抜くと右に飛ぶ

ターゲットである飛球線方向に振り抜く意識を持つと、スイングが止まり右方向への打球になってしまう

6 フォロースルーを取りやすくする裏ワザ

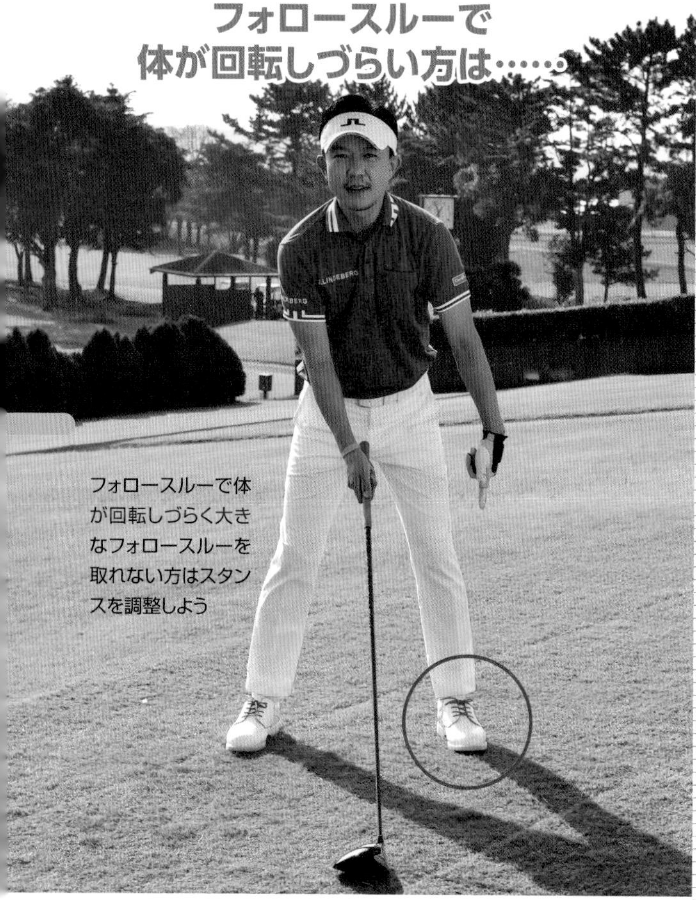

フォロースルーで
体が回転しづらい方は……

フォロースルーで体が回転しづらく大きなフォロースルーを取れない方はスタンスを調整しよう

両足のつま先は左右対称ではない

体がうまく回転できず、どうしてもフォロースルーが小さく詰まってしまう。そんな方は、アドレス時のスタンスを変えることで改善できます。改善方法は、左足のつま先の開き具合を少し広げるだけです。違和感のない角度でいうと5度程度でOKです。多くのプロゴルファーが左のつま先が開いているのは、これが理由なのです。

アドレス時に左足のつま先の開き具合を少し強くする

つま先を開くときは、つま先だけを動かすように。腰の位置が動くのは良くない。肩と腰のラインは変えずに調整しよう

肩と腰のラインは変えず、つま先だけを開くように！

CHECK!

フォローが大きくなり振りやすい

フォロースルーは回転が3割増し。だから、左足のつま先が開くのは問題ない。とても振りやすくなる

1 フィニッシュの4つのチェックポイント！

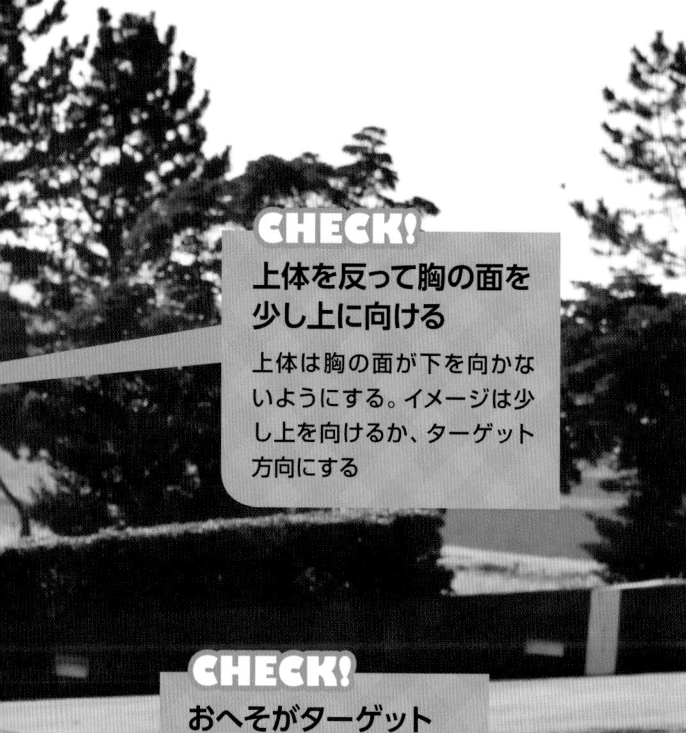

CHECK!

上体を反って胸の面を少し上に向ける

上体は胸の面が下を向かないようにする。イメージは少し上を向けるか、ターゲット方向にする

CHECK!

おへそがターゲット方向を向いている

腰が回転したあとに、おへそ（ベルトのバックル）がターゲット方向を向いてフィニッシュを迎えよう

フィニッシュは今までの動きの結果論

フィニッシュは今までの動作の結果論なので、アドレスからフォロースルーまでをしっかり収めることが大切です。

気をつける点は、おへその向き、肩や腰の回転、頭の位置、胸の面がどこを向いているか。この4つを押さえておけば問題ないでしょう。腕だけのスイングになるとフィニッシュが崩れるので体の回転を忘れずに。

CHECK!
頭の位置は腰の上か
腰よりも右足側に!
頭がフィニッシュで腰よりも前に
出ないようにする。腰の上か腰よ
りも右足側にあるので理想だ
CHECK!
肩や腰の回転を途中で止めない
フィニッシュに向かうまで肩や腰の回転は
止めないように。肩を回転させ続けること
でフィニッシュの形が決まる
左足で
バランス良く
立っている
フィニッシュを
目指そう!

◎著者

吉本 巧(よしもと たくみ)

ゴルフ修行のため14歳から単身渡米。11年間アメリカでジュニア選手、アマチュア選手、学生選手、ツアープロ選手、プロコーチを経験。ジュニア選手時代は日本代表、アメリカフロリダ州代表に選抜される。代表選手として各世界大会に出場。南フロリダ大学卒。在学中はゴルフ特待生としてゴルフ部に所属し学生トーナメントで全米中を転戦。プロゴルファー転向後はアメリカのミニツアーに参戦。通算3勝。帰国後は、代官山、神戸、茅ヶ崎にゴルフスクールを設立。2017年11月、東京銀座に「銀座ゴルフアカデミー」を開校。延べ2万人以上をレッスン。プロ選手やアマチュア選手のスイング面のコーチングをはじめフィジカルトレーナー、プロツアーキャディー、メンタルコーチング、クラブフィッティングアドバイザーなどゴルファーを総合的にコーチングしている。

銀座ゴルフアカデミー
https://ginza-ga.com

YouTube

大人気のYouTubeチャンネル
吉本巧のYouTubeゴルフ大学

- 開場日／1991年5月15日
- 18ホール Par72 6.836ヤード
- プレースタイル／セルフ(乗用カート)

高低差3メートルのフラットな地形はシニアや女性プレーヤーに人気。コース内を横切る川や池が戦略性を高めている。都心から約1時間とアクセス良好。練習場施設も充実。

◎撮影協力

取手桜が丘ゴルフクラブ
TORIDESAKURAGAOKA GOLF CLUB

都心から車で約1時間、電車でもJR常磐線藤代駅から路線バスで約5分とアクセス抜群。フラットな地形でシニアや女性でもプレーを楽しめ、コース内を横切る川や池が戦略性を高めている。アウトはフェアウェイが広く距離があるのが特徴的。対象的にインは池が絡んでおり、ショットの正確性が要求されプレーヤーを飽きさせない。バンカーやアプローチの練習場もありコンペにも最適である。季節によって、スループレーや早朝プレー、薄暮プレーもご用意しております。

〒300-1534　茨城県取手市渋沼1393
TEL.0297-82-7300　FAX.0297-82-7303

毎月第3火曜日／「桜が丘カップ」開催

第3火曜日にはオープンコンペ「桜が丘カップ」を開催(ハーフコンペ形式、新ペリア方式)。豪華賞品をご用意しておりますので、奮ってご参加下さい。

STAFF

企画・制作・編集　株式会社多聞堂
写真　勝又寛晃
デザイン　シモサコグラフィック
校正　山口芳正
取材協力　銀座ゴルフアカデミー
J.LINDEBERG

ミート率を上げてまっすぐ飛ばす！

ドライバーショット

2021年3月20日　初版第1刷発行

著　者　吉本 巧
発行者　廣瀬和二
発行所　辰巳出版株式会社
〒160-0022 東京都新宿区新宿2丁目15番14号　辰巳ビル
TEL 03-5360-8960（編集部）
03-5360-8064（販売部）
FAX 03-5360-8951（販売部）
URL http://www.TG-NET.co.jp
印　刷　三共グラフィック株式会社
製　本　株式会社セイコーバインダリー

本書の無断複写複製（コピー）は、著作権法上での例外を除き、著作者、出版社の権利侵害となります。
乱丁・落丁はお取り替えいたします。小社販売部までご連絡ください。

©TAKUMI YOSHIMOTO 2021

Printed in Japan
ISBN 978-4-7778-2741-1　C0075